国家出版基金项目
NATIONAL PUBLICATION FOUNDATION

中宣部2022年主题出版重点出版物

“十四五”国家重点图书出版规划项目

纪录小康工程

全面建成小康社会

云南影像记

YUNNAN YINGXIANGJI

本书编写组 编

云南出版集团
云南人民出版社

责任编辑：王绍来
封面设计：石笑梦　马　滨
版式设计：马　滨

图书在版编目（CIP）数据

全面建成小康社会云南影像记 / 本书编写组编 .— 昆明：云南人民出版社，
2022.10
（“纪录小康工程”地方丛书）
ISBN 978－7－222－21068－4

Ⅰ.①全…　Ⅱ.①本…　Ⅲ.①小康建设－成就－云南－摄影集　Ⅳ.① F127.74-64

中国版本图书馆 CIP 数据核字（2022）第 093936 号

全面建成小康社会云南影像记
QUANMIAN JIANCHENG XIAOKANG SHEHUI YUNNAN YINGXIANGJI

本书编写组

云南出版集团　云南人民出版社　出版发行
（650034　昆明市环城西路 609 号）

昆明理煋印务有限公司印刷　新华书店经销

2022 年 10 月第 1 版　2022 年 10 月昆明第 1 次印刷
开本：710 毫米 ×1000 毫米 1/16　印张：16.75
字数：170 千字

ISBN 978－7－222－21068－4　定价：59.00 元

邮购地址 650034　昆明市环城西路 609 号
图书销售中心　电话：（0871）64108507

总　序

为民族复兴修史　为伟大时代立传

小康，是中华民族孜孜以求的梦想和夙愿。千百年来，中国人民一直对小康怀有割舍不断的情愫，祖祖辈辈为过上幸福美好生活劳苦奋斗。“民亦劳止，汔可小康”“久困于穷，冀以小康”“安得广厦千万间，大庇天下寒士俱欢颜”……都寄托着中国人民对小康社会的恒久期盼。然而，这些朴素而美好的愿望在历史上却从来没有变成现实。中国共产党自成立那天起，就把为中国人民谋幸福、为中华民族谋复兴作为初心使命，团结带领亿万中国人民拼搏奋斗，为过上幸福生活胼手胝足、砥砺前行。夺取新民主主义革命伟大胜利，完成社会主义革命和推进社会主义建设，进行改革开放和社会主义现代化建设，开创中国特色社会主义新时代，经过百年不懈奋斗，无数中国人摆脱贫困，过上衣食无忧的好日子。

特别是党的十八大以来，以习近平同志为核心的党中央统揽中华民族伟大复兴战略全局和世界百年未有之大变局，团结带领全党全国各族人民统筹推进“五位一体”总体布局、协调推进“四个全面”战略布局，万众一心战贫困、促改革、抗疫情、谋发展，党和国家事业取得历史性成就、发生历史性变革。在庆祝中国共产党成立100周年大会上，习近平总书记庄严宣告：“经过全党全国各族人民持续奋斗，我们实现了第一个百年奋斗目标，在中华大地上全面建成了小康社会，历史性地解决了绝对贫困问题，正在意气风发向着全面建成社会主义现代化强国的第二个百年奋斗目标迈进。”

这是中华民族、中国人民、中国共产党的伟大光荣！这是百姓的福祉、国家的进步、民族的骄傲！

全面小康，让梦想的阳光照进现实、照亮生活。从推翻“三座大山”到“人民当家作主”，从“小康之家”到“小康社会”，从“总体小康”到“全面小康”，从“全面建设”到“全面建成”，中国人民牢牢把命运掌握在自己手上，人民群众的生活越来越红火。“人民对美好生活的向往，就是我们的奋斗目标。”在习近平总书记坚强领导、亲自指挥下，我国脱贫攻坚取得重大历史性成就，现行标准下9899万农村贫困人口全部脱贫，建成世界上规模最大的社会保障体系，居民人均预期寿命提高到78.2岁，人民精神文化生活极大丰富，生态环境得到明显改善，公平正义的阳光普照大地。今天的中国人民，生活殷实、安居乐业，获得感、幸福感、安全感显著增强，道路自信、理论自信、制度自信、文化自信更加坚定，对创造更加美好的生活充满信心。

全面小康，让社会主义中国焕发出蓬勃生机活力。经过长期努力特别是党的十八大以来伟大实践，我国经济实力、科技实力、国防实力、综合国力跃上新的大台阶，成为世界第二大经济体、第一大工业国、第一大货物贸易国、第一大外汇储备国，国内生产总值从 1952 年的 679 亿元跃升至 2021 年的 114 万亿元，人均国内生产总值从 1952 年的几十美元跃升至 2021 年的超过 1.2 万美元。把握新发展阶段、贯彻新发展理念、构建新发展格局、推动高质量发展，全面建设社会主义现代化国家，我们的物质基础、制度基础更加坚实、更加牢靠。全面建成小康社会的伟大成就充分说明，在中华大地上生气勃勃的创造性的社会主义实践造福了人民、改变了中国、影响了时代，世界范围内社会主义和资本主义两种社会制度的历史演进及其较量发生了有利于社会主义的重大转变，社会主义制度优势得到极大彰显，中国特色社会主义道路越走越宽广。

全面小康，让中华民族自信自强屹立于世界民族之林。中华民族有五千多年的文明历史，创造了灿烂的中华文明，为人类文明进步作出了卓越贡献。近代以来，中华民族遭受的苦难之重、付出的牺牲之大，世所罕见。中国共产党带领中国人民从沉沦中觉醒、从灾难中奋起，前赴后继、百折不挠，战胜各种艰难险阻，取得一个个伟大胜利，创造一个个发展奇迹，用鲜血和汗水书写了中华民族几千年历史上最恢宏的史诗。全面建成小康社会，见证了中华民族强大的创造力、坚韧力、爆发力，见证了中华民族自信自强、守正创新精神气质的锻造与激扬，实现中华民族伟大复兴有了更为主动的精神力量，进入不可逆转的历史进程。今天，我们比历史上任何时期都更接近、更有信心和能力实现中华民族伟大复兴的目标，中国人民的志气、骨气、底气极大增强，奋进新征程、建功新时代有着前所未有的历史主动精神、历史创造精神。

全面小康，在人类社会发展史上写就了不可磨灭的光辉篇章。中华民族素有和合共生、兼济天下的价值追求，中国共产党立志于为人类谋进步、为世界谋大同。中国的发展，使世界五分之一的人口整体摆脱贫困，提前十年实现联合国2030年可持续发展议程确定的目标，谱写了彪炳世界发展史的减贫奇迹，创造了中国式现代化道路与人类文明新形态。这份光荣的胜利，属于中国，也属于世界。事实雄辩地证明，人类通往美好生活的道路不止一条，各国实现现代化的道路不止一条。全面建成小康社会的中国，始终站在历史正确的一边，站在人类进步的一边，国际影响力、感召力、塑造力显著提升，负责任大国形象充分彰显，以更加开放包容的姿态拥抱世界，必将为推动构建人类命运共同体、弘扬全人类共同价值、建设更加美好的世界作出新的更大贡献。

回望全面建成小康社会的历史，伟大历程何其艰苦卓绝，伟大胜利何其光辉炳耀，伟大精神何其气壮山河！

这是中华民族发展史上矗立起的又一座历史丰碑、精神丰碑！这座丰碑，凝结着中国共产党人矢志不渝的坚持坚守、博大深沉的情怀胸襟，辉映着科学理论的思想穿透力、时代引领力、实践推动力，镌刻着中国人民的奋发奋斗、牺牲奉献，彰显着中国特色社会主义制度的强大生命力、显著优越性。

因为感动，所以纪录；因为壮丽，所以丰厚。恢宏的历史伟业，必将留下深沉的历史印记，竖起闪耀的历史地标。

中央宣传部牵头，中央有关部门和宣传文化单位，省、市、县各级宣传部门共同参与组织实施“纪录小康工程”，以为民族复兴修史、为伟大时代立传为宗旨，以“存史资政、教化育人”为目的，形成了数据库、大事记、系列丛书和主题纪录片 4 方面主要成果。目前已建成内容全面、分类有序的 4 级数据库，编纂完成各级各类全面小康、脱贫攻坚大事记，出版“纪录小康工程”丛书，摄制完成纪录片《纪录小康》。

“纪录小康工程”丛书包括中央系列和地方系列。中央系列分为“擘画领航”“经天纬地”“航海梯山”“踔厉奋发”“彪炳史册”5 个主题，由中央有关部门精选内容组织编撰；地方系列分为“全景录”“大事记”“变迁志”“奋斗者”“影像记”5 个板块，由各省（区、市）和新疆生产建设兵团结合各地实际情况推出主题图书。丛书忠实纪录习近平总书记的小康情怀、扶贫足迹，反映党中央关于全面建成小康社会重大决策、重大部署的历史过程，展现通过不懈奋斗取得全面建成小康社会伟大胜利的光辉历程，讲述在决战脱贫攻坚、决胜全面小康进程中涌现的先进个人、先进集体和典型事迹，揭示辉煌成就和历史巨变背后的制度优势和经验启示。这是对全面建成小康社会伟大成就的历史巡礼，是对中国共产党和中国人民奋斗精神的深情礼赞。

历史昭示未来，明天更加美好。全面建成小康社会，带给中国人民的是温暖、是力量、是坚定、是信心。让我们时时回望小康历程，深入学习贯彻习近平新时代中国特色社会主义思想，深刻理解中国共产党为什么能、马克思主义为什么行、中国特色社会主义为什么好，深刻把握“两个确立”的决定性意义，增强“四个意识”、坚定“四个自信”、做到“两个维护”，以坚如磐石的定力、敢打必胜的信念，集中精力办好自己的事情，向着实现第二个百年奋斗目标、创造中国人民更加幸福美好生活勇毅前行。

◇ 独龙族老人肯国芳感恩祖国、感恩党

◇ 昭通市靖安易地扶贫搬迁安置区

◇ 白鹤滩水电站航拍

◇ 红河州的现代农业基地

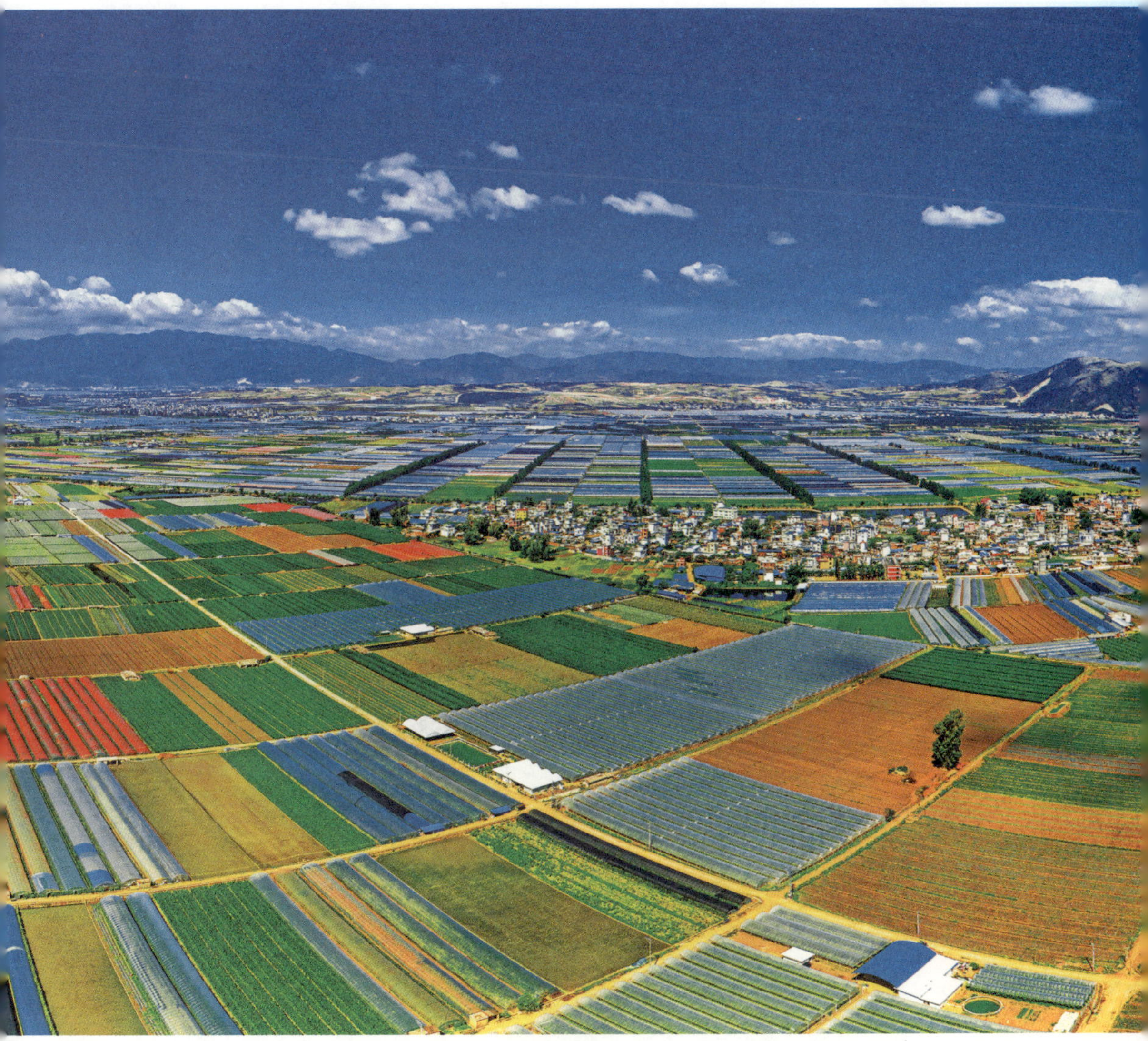

◇ 动车蓄势待发

◇ 保腾高速公路龙江特大桥

◇ 我国自主研制的国内最大直径硬岩掘进机——“彩云号”盾构机

◇ 盛大的景颇族目瑙纵歌

◇ 大象北迁途中的休憩

◇ 中老铁路

全面建成
小康社会
云南影像记

目录

◇ 昆明市宜良县耿家营马蹄湾五色稻田

中华人民共和国的成立，彻底改变了近代以后 100 多年中国积贫积弱、受人欺凌的悲惨命运，中华民族从此走上了实现伟大复兴的壮阔道路。新中国成立后，中国共产党领导云南各族人民拉开了社会主义革命和建设的大幕，建立起社会主义基本制度，实现了云南历史上最深刻最伟大的社会变革，完成了新民主主义向社会主义的过渡，取得了社会主义建设的基础性成就，为探索建设中国特色社会主义积累了经验、提供了条件。特别是改革开放以来，云南省委、省政府创造性贯彻落实党中央的路线方针政策，各族人民立足边疆、锐意进取、共同奋斗，不断战胜一个又一个困难，夺取一个又一个伟大胜利，成功走出一条具有云南特色的改革发展之路。

◇ 德昂族全家福

第一篇

脱贫攻坚 成果丰硕

云南被誉为“诗的远方，梦的故乡”。但由于历史、自然等多个方面的原因，云南贫困面广、贫困程度深，脱贫攻坚难度大，是我国脱贫攻坚主战场之一。摆脱贫困，是云南人民世世代代的梦想。党的十八大以来，特别是2015年中央扶贫开发工作会议以来，省委、省政府坚定不移贯彻落实习近平总书记关于扶贫工作的重要论述和考察云南重要讲话精神，4700多万云岭儿女同心同向，用坚定决心铺平追梦之路，如期完成了新时代脱贫攻坚目标任务。

933万农村贫困人口全部脱贫，8502个贫困村全部出列，88个贫困县全部摘帽，贫困地区人均可支配收入从2016年的7847元增加到2021年的13027元，150万人实现了“挪穷窝”“斩穷根”，历史性地解决了困扰云南千百年的区域性整体贫困和绝对贫困问题。

如今的彩云之南，城乡面貌发生了巨变，人民群众收入大幅增加，生产生活条件明显改善，幼有所育、学有所教、劳有所得、病有所医、老有所养、住有所居、弱有所扶逐步实现，各族群众获得感、幸福感、安全感持续提升。

站在新的历史起点上，我们知道，“脱贫只是第一步，更好的日子还在后头”。

◇ 2020年怒江州福贡县城易地扶贫搬迁安置点

○党的十八大以来，云南省委、省政府坚决贯彻落实习近平总书记关于打赢脱贫攻坚战重要论述和党中央重大决策部署，坚决以脱贫攻坚统揽经济社会发展全局，切实把脱贫攻坚作为重大政治任务、头等大事和第一民生工程来抓，如期完成了新时代脱贫攻坚任务。11个“直过民族”和人口较少民族实现整体脱贫，继一步跨千年进入社会主义社会之后，实现了从贫困落后到迈入全面小康的第二个千年跨越。

◇ 西双版纳州曼班三队村民的老房子

◇ 过去，怒江州少数民族妇女用竹溜索织布

○云南省脱贫攻坚任务严峻，在全国具有极强的代表性。

贫困面广。全省129个县（市、区）中有扶贫任务的122个，国家级贫困县有88个、占全国（832）的10.5%、占全省（129）的68%，深度贫困县有27个、占全国（334）的8%、占全省（88）的30%，贫困村有8502个、占全国（128000）的6.6%、占全省（14589）的58%。

贫困程度深。全国“三区三州”中云南有2个（迪庆州、怒江州），全国14个集中连片特殊困难地区云南有4个，88个国家级贫困县基本都处于集中连片特殊困难地区，27个深度贫困县有贫困人口461万人、占全省的49%。

脱贫难度大。贫困人口在10万人以上的有28个县，其中在20万人以上的有8个县。贫困人口数量最大的昭通市，有贫困人口217万人，贫困发生率46%。贫困地区耕地资源稀缺、分散，产业小散弱，离全国消费的大市场远，物流成本高。

◇ 2017年11月13日，怒江州举办脱贫攻坚和基层党建实战队誓师大会

◇ 2017年11月13日，扶贫干部宣誓决战打赢怒江深度贫困“百日歼灭战”

○云南省委、省政府制定脱贫攻坚责任制实施细则，坚持五级书记抓扶贫、党政同责促攻坚，各级各部门层层立下“军令状”；逐级编制“十三五”脱贫攻坚规划，出台349个政策文件，构成事前、事中、事后全程规范政策体系；4.85万名第一书记、21.61万名驻村工作队员尽锐出战，75万名干部与贫困户结“穷亲”；293家省级驻点单位、1.5万个州（市）单位挂包贫困县、贫困村。

◇ 各族群众同唱《我和我的祖国》

○紧盯“两不愁三保障”目标，全力打好易地扶贫搬迁、产业就业、义务教育、基本医疗、农村危房改造、饮水安全等一场场硬仗。

影像记

◆ 云南史上最大规模搬迁——百万群众“挪穷窝、换穷业、斩穷根”

数据统计，云南通过“挪穷窝、换穷业、拔穷根”行动，共计搬迁建档立卡贫困人口99.6万人、随迁人口50万人，建成集中安置区2832个。事实证明，易地搬迁就是脱贫攻坚的关键一招。

这是云南历史上规模最大的百万人大搬迁，彻底解决了部分贫困地区“一方水土养不起一方人”的历史性难题；这是举世瞩目的大跨越，从深山到城市，实现了“一步跨千年”的壮举。

◇ *昭通市鲁甸县卯家湾易地扶贫搬迁安置区*

◇ 2019年4月9日，63岁的贫困户蔡党妹在就业扶贫车间打工，分拣草莓，每天有了几十元的收入

○2018年以来，会泽县引导和鼓励龙头企业、合作组织、能人大户等各类建设主体积极创建“扶贫车间”，解决农户尤其是贫困户就地就近就业和居家就业等难题，实现了挣钱顾家两不误，增强了脱贫的信心。

◇ 乔迁新居

○2020年1月7日，在曲靖市会泽县易地扶贫搬迁以礼街道以礼佳苑小区安置点，建档立卡贫困户张党妹搬着免费领来的凳子开心地往新家赶。

◇ 2018年邹体富一家住在新房里，儿孙绕膝，尽享天伦

○2014年，地震损坏了昭通市鲁甸龙头山镇甘家寨邹体富夫妇的家，通过恢复重建和脱贫攻坚，邹体富一家住进了别墅式的庭院里。2015年1月19日，习近平总书记来到鲁甸县小寨镇甘家寨红旗社区过渡安置点，走进邹体富老两口和孙子住的帐篷，询问家里吃饭、补助、收入等问题。

◇ 昆明市东川区铜都街道对门山电子元件加工扶贫车间，工人们正在紧张而有序地忙碌着

○东川区曾是云南省27个深度贫困县区之一，为了让一些农村劳动力实现就近就地就业，东川区积极开展就业“扶贫车间”建设，让他们在家门口就能上班挣到钱。

◇ 怒江州马俄河安置点，搬迁群众一起过大年

○本着节俭、高效、热烈、喜庆的原则，怒江州组织开展搬迁群众过大年的系列活动。

◇ 志愿者教搬迁群众安全乘电梯

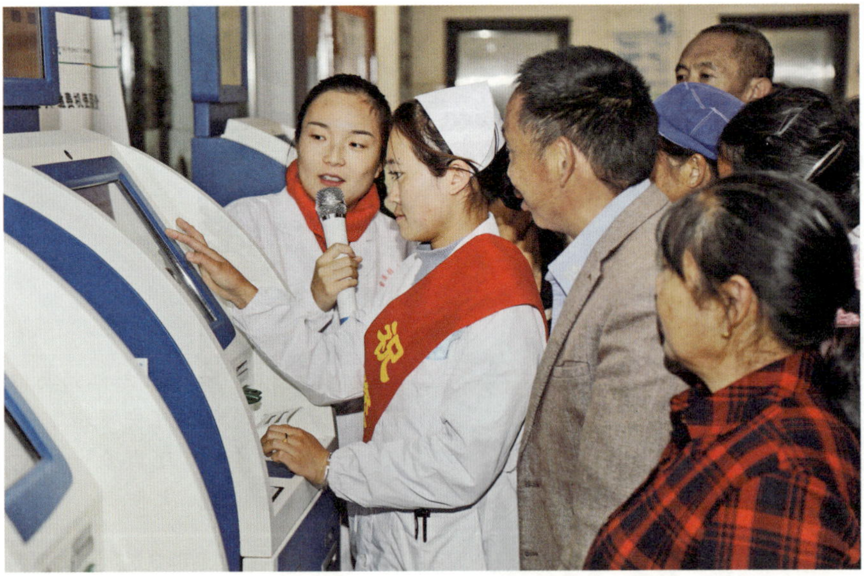

◇ 志愿者教群众进医院看病

◇ 志愿者带领群众熟悉办证流程

○为了让搬迁群众掌握城市生活技能，快速融入城市生活，会泽县组织志愿者“手把手”服务，教会他们使用家电、过马路、进医院看病等，做到“16个教会”；帮助他们熟悉县城主要街道、农贸市场、交通规则等，实现了“10个熟悉”。

◇ 志愿者带领群众熟悉汽车客运站

◇ 志愿者带领群众熟悉农贸市场

影像记

◆ 一步跨千年——“直过民族”和人口较少民族实现整族脱贫

历史性壮举带来了历史性跨越。在这场脱贫攻坚战中，以独龙族为代表的云南11个“直过民族”和人口较少民族在短短70载跨越了人类社会几千年历史。彩云之南曾经贫瘠的土地发生着深刻变化，云岭儿女憧憬千年的小康梦正成为现实。

◇ 独龙江乡的村民和远方的亲友联系

○“脱贫只是第一步，更好的日子还在后头。”2019年4月10日，习近平总书记给云南省贡山县独龙江乡群众回信，祝贺独龙族实现整族脱贫，勉励乡亲们为过上更加幸福美好的生活继续团结奋斗。

◇ 如今的独龙江乡孔当已成为独具特色的旅游小集镇

◇ 1981年，贡山县普拉底乡米谷村一山村小学背着弟弟上学的女孩

◇ 现在，独龙江乡学校里的多媒体课堂

○近年来，独龙江乡干部群众牢记嘱托，鼓足干劲，只争朝夕，在巩固拓展脱贫攻坚成果和全面推进乡村振兴的道路上，争先奋进。2021年，独龙族群众人均纯收入达15000元，比2019年增长60%。独龙族群众的口袋“鼓起来”了，脑袋“富起来”了，过上了更加美好的日子。

◇ 过去，独龙江乡孔当村群众在火塘边分食待客

◇ 现在，独龙族群众在敞亮的客厅里招待客人

◇ 过去，大雪封山的独龙江，群众只能冒险穿越雪山

◇ 高黎贡山独龙江隧道贯通

◇ 过去，独龙江乡群众刀耕火种的生产方式

◇ 随着独龙江乡生态特色产业蓬勃发展，草果已成为该乡群众脱贫致富的“金果果”

◇ 临沧市双江县勐勐镇忙乐四组布朗族村的幸福生活

◇ 德昂人家庆丰收

◇ 基诺族群众载歌载舞

◇ 德宏州邦瓦村黑山村的景颇族群众在晾晒草果

◇ 怒江州匹河怒族乡指挥田易地扶贫搬迁安置点怒族拌饭惹人馋

◇ 普洱市老达保村拉祜族实现了直接过渡、文化致富

◇ 阿昌姑娘选杨梅

◇ 傈僳族群众在家门口唱起丰收之歌

◇ 怒江州兰坪县普米族群众正用智能手机自拍

◇ 普洱市西盟县新厂镇永广村茶园

影像记

◆ 坚决落实精准方略，始终坚持目标准确——“两不愁三保障”

不愁吃、不愁穿，教育、医疗、住房有保障，这是“两不愁三保障”，也是贫困人口脱贫摘帽的基本要求和核心指标。在这场波澜壮阔的脱贫攻坚伟大战役中，云南坚决落实精准方略，锚定“两不愁三保障”目标，如期完成脱贫攻坚各项考核指标。经过不懈努力，云南与全国同步全面建成小康社会。

◇ 雪后的曲靖市会泽县易地搬迁县城安置点一期全貌

◇ 曲靖市会泽县松山村大漆树村小组

生存不再难

○会泽县位于云贵川三省交界处，受小江、金沙江、牛栏江等江河深度切割，地形地貌破碎，全县山区面积占比高达95.7%，贫困发生率一度达47.99%，贫困群众大部分都居住在山上，存在地质灾害隐患、饮水难、出行难等问题。经过反复研讨和论证，会泽县作出“引导10万人搬迁进城”的决定。

◇ 从索道到钢索木板桥，如今的独龙江乡，一座座钢筋水泥桥横跨在独龙江上

行路不再难

○全省8502个贫困村100%实现硬化路、农村"四好路"建设，出行问题得到根本解决。

◇ 铁溜索是过去怒江上主要的交通方式

◇ 傈僳族曾经的民居

安居不再难

○实现“危房不住人，住人无危房”。

◇ 文山州砚山县维摩乡竹棚村群众整体搬迁到碳房社区集中安置点

◇ 过去，赤脚医生要到各少数民族村寨巡诊

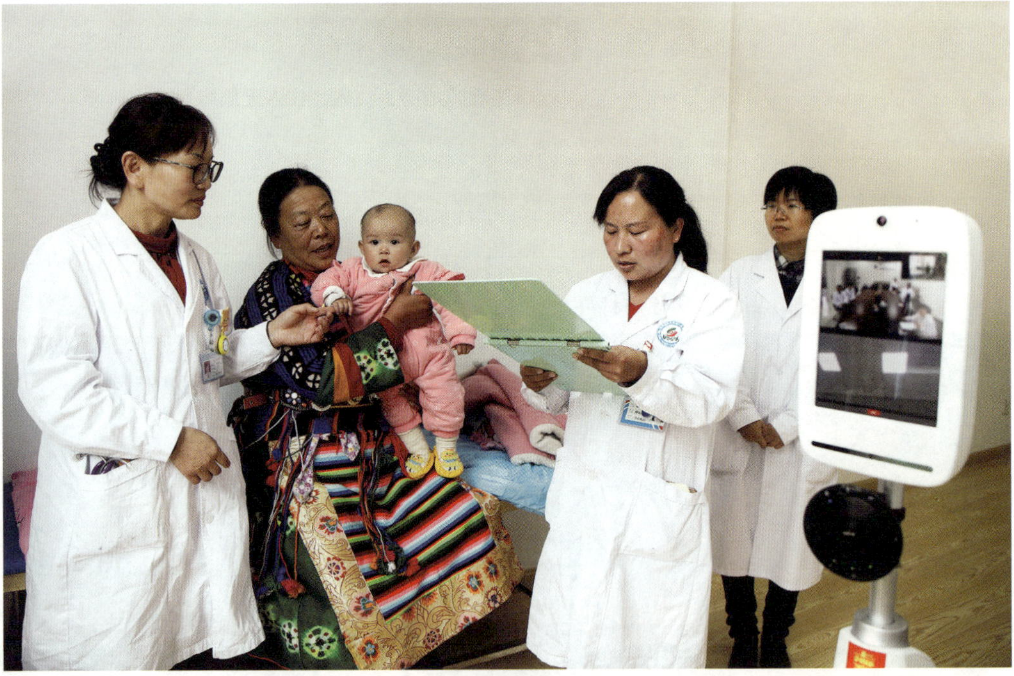

◇ 迪庆州香格里拉人民医院，少数民族群众通过远程医疗接受外地知名医院的诊治

看病不再难

○贫困人口医保、大病保险、医疗救助全覆盖。

◇ 经过脱贫攻坚，昭通市镇雄县小学条件彻底改善

◇ 昭通市镇雄县小学以前条件简陋

教育落后面貌普遍改善

○88个贫困县实现县域义务教育均衡发展，义务教育巩固率提高到96.15%，义务教育学校办学条件“20条底线”全部达标，依法控辍保学，实现“动态清零”。

◇ 红河州泸西县午街铺镇小寨四彝族村民饮上幸福泉

◇ 过去农村饮水难，保山市昌宁县农村群众在山中取水

饮水不再难

○巩固提升280万贫困人口饮水安全保障水平，全省农村集中供水率达96.7%以上，自来水普及率95.5%以上，水质合格率接近全国平均水平。

◇ 红河州开远市羊街乡的村民通过种植花卉逐步进行农业转型

◇ 曾经，红河州开远市彝族群众在山区耕作

收入增长显著

○全省贫困群众人均纯收入从2015年的2785元增加到2021年的12267元。

◇ 大理州祥云县建档立卡贫困户子女职业教育精准培训电焊班实作训练

◇ 大理州祥云县鹿鸣乡雄里村曾经的居家生活场景

发展不再难

○贫困人口普遍文化程度低、缺乏技能、自我发展能力弱的现象一去不复返。

用电不再难

○全省8502个贫困村100%实现通生活用电、动力电。

◇ 以前山区群众靠点蜡烛照明

◇ 独龙族群众用上“小康电”

◇ 移动通信到农家

◇ 以前山区群众通信联络困难

通信不再难

○全省8502个贫困村100%实现通光纤、宽带。

◇ 楚雄州武定县插甸镇党群工作站的工作人员热心服务群众

贫困治理能力显著提高

○坚持以基层党建促脱贫攻坚，基层党组织充分发挥战斗堡垒作用，凝聚力、战斗力不断增强，基层治理能力明显提升，鲜红的党旗始终在脱贫攻坚主战场上高高飘扬。

◇ 大理州南涧县小湾东镇岔江村村民在专业合作社分红

集体经济助推基层治理能力提升

○2014年，小湾东镇组建了小湾群民农业开发专业合作社和小湾东镇恒忠无量山乌骨鸡养殖专业合作社，小湾电厂和小湾东镇党委、政府探索出了以“企地共建”为基础，以“党支部+合作社+贫困户”为核心的脱贫攻坚“岔江模式”，有效解决了地方如何依靠企业实现库区群众脱贫致富和农村经营实体有效发展的大问题。

影像记

◆ 苦熬不如苦干，奋斗者的力量

尽锐出战打硬仗，攻克深度贫困堡垒，就要派最能“打仗”的人去。自脱贫攻坚战打响以来，云南统筹力量，下沉作战一线，坚持优秀干部向脱贫攻坚一线集结，为决战决胜脱贫攻坚、促乡村振兴提供坚强有力的组织保障。扶贫干部沉下身子，访贫苦、谋出路、解难题、抓发展，用脚步丈量民情，用双手托起群众致富梦想，一点点改变贫困村的面貌，也用实干赢得信任，与群众的心贴得更紧。

◇ 1997年曲靖市宣威市阿都乡的山洞人家

◇ 2019年“背包工作队”在怒江州兔峨乡吾马普村工作

○脱贫攻坚工作开展以来，怒江州先后组织数千人的脱贫攻坚“背包工作队”深入脱贫攻坚一线开展工作，他们背上行囊，自带干粮，组织10万群众搬出大山开启新生活。

◇ 西畴人勇于向石漠抗争、向贫困宣战

◇ 西畴三光石漠化片区千亩猕猴桃

○从20世纪90年代开始，西畴人不等不靠、苦干实干，一镐镐、一锤锤，硬生生地把乱石旮旯变成了满目苍翠。特别是党的十八大以来，西畴人立足本地生态环境特点，闯出了一条在石窝窝里创造奇迹的致富之路。

◇ 祖国，我爱你

◇ 云南第一大光伏电站——红河州建水县南庄光伏电站

经济发展 蹄疾步稳

云南地处中国经济圈、东南亚经济圈和南亚经济圈的接合部，是中国连接南亚东南亚的国际通道，有着“面向三亚、肩挑两洋、通江达海沿边”的独特区位优势，是中国西南面向世界开放的重要窗口和门户。改革开放以来，云南省历届省委、省政府紧紧抓住经济建设这个中心，带领全省各族人民勇于探索、大胆创新，不断扩大对外开放，促进生产力释放出强大动力，实现了全省综合经济实力的跨越式发展，走出了一条独具特色的开放发展之路。

2021 年，全省实现地区生产总值 2.7 万亿元，稳居全国第 18 位、西部第 4 位。经济社会发展取得全方位显著成就，城乡面貌发生了巨大变化，人民群众幸福感、尊严感、获得感不断增强。

◇ 乌东德水电站大坝工程全线贯通

○“西电东送”国家重大工程金沙江乌东德水电站全部机组于2021年6月16日全部投产发电。乌东德水电站安装了目前世界已投产单机最大的水轮发电机组，总装机容量1020万千瓦，多年平均发电量389.1亿千瓦时。该电站创造了世界最薄300米级特高拱坝等8项“世界第一”，创下全坝采用低热水泥混凝土等15项“世界首次”。

影像记

◆ 为经济发展注入新动能——绿色能源

云南能源产业已成为云南省第一大支柱产业。2021年以来，云南省能源系统全力保障能源生产供应，加快推进能源项目建设，实现规模以上能源工业增加值同比增长11.2%，为全省经济社会发展提供了有力支撑和坚实保障。

◇ 向家坝电站

○向家坝水电站是世界前二十大水电站，其至上海的800千伏直流特高压国产化示范工程是国内输送电压等级最高、最先进的电力系统之一。

◇ “西电东送”，云南省交相辉映的电网

○作为我国重要的“西电东送”基地和绿色能源基地，截至2021年4月，云南省“西电东送”电量累计突破1万亿千瓦时，相当于为南方区域减少标煤消耗2.9亿吨、减排二氧化碳7.7亿吨、减排二氧化硫550万吨。

◇ 文山州光伏发电

◇ 红河州弥勒市东山风电场

○云南是我国能源大省，拥有巨大的绿色优势和应用发展前景，为继续发展壮大绿色能源产业奠定了坚实的基础。

◇ 中缅油气管道

○中石油云南1300万吨/年炼油项目建成投产。

○中缅油气管道稳定运行成为我国第四大能源进口通道。

◇ 中石油云南1300万吨/年炼油项目荣获国家优质工程金奖

影 像 记

◆ 助力绿色低碳循环发展——绿色制造

近年来，云南省以绿色能源开发利用为重点，以体制改革为动力，以科技创新为支撑，统筹平衡煤、电、油、气有序发展，推动云南能源产业由资源开发型向市场开拓型转变，由“建设红利”向“改革红利”转变，由单一型向综合型产业转变，建成国家重要水电基地、石油炼化基地及国际能源枢纽，为国家能源安全、建设面向南亚东南亚辐射中心提供有力支撑。着力推进把丰富的清洁能源优势转化为产业优势、发展优势，努力建设全国绿色能源示范省。引领、带动、支撑绿色铝硅等先进制造业发展，培育多元消费市场。布局全产业链，打造先进制造业集群，建成世界一流“中国铝谷”。

◇ 文山州富宁县的绿色铝材一体化产业园示范区

◇ 文山州砚山县的绿色铝创新产业园区

◇ 工人清理铝锭毛边

○绿色硅材全产业链发展初见成效，硅光伏产业已基本形成“工业硅—多晶硅—单晶硅棒—单晶硅片—单晶电池片”相对完善的产业链。

◇ 曲靖市沾益工业园区有机硅生产项目

◇ 晶澳单晶硅生产线

影像记

◆ 引领现代高原农业新发展——绿色食品

云南省委、省政府作出打造“绿色食品牌”的重大决策部署，推动农业供给侧结构性改革，走产出高效、产品安全、资源节约、环境友好的绿色发展道路，全产业链重塑云南现代农业。

◇ 昭通市海升万亩苹果示范园

◇ 昭通市昭阳区昭阳红冷链物流园自动化分级选果流水线

○云南第一产业在“十三五”期间全国排位的巨大飞跃，打“绿色食品牌”是关键的一招。

◇ 昆明市呈贡斗南花市

○斗南花卉市场成为亚洲第一、世界第二大花卉交易中心，年交易量83亿枝、交易额75亿元。鲜花出口量和出口额均居全国第一。

◇ 普洱市思茅区倚象镇，中华普洱茶博览苑

○全省有机认证茶园面积82万亩、有机产品认证数量1014个，均居全国第一。全省咖啡种植面积150万亩、产量13万吨，咖啡产量占全国的95%以上。全省中药材种植面积900万亩、农业产值425亿元，均居全国第一。

◇ 大理州漾濞县彝族群众收获核桃

○全省核桃种植面积4303万亩、产量148万吨，核桃种植面积居全国首位。澳洲坚果占世界种植面积的54%，占全国种植面积的88%。

◇ 市民在体验安宁市八街生态农业乡村旅游

○云南省深入推进农村一二三产业融合发展，打造田园综合体，培育壮大乡村旅游、休闲农业、文化体验、研学科考、健康养老等新兴业态。安宁市八街深耕蔬菜、食用玫瑰和红梨等高原特色农业，重点建设特色旅游小镇，全面带动八街乡村旅游发展，构建农旅、村旅、文旅一体的生态休闲宜旅宜居发展新格局。

影像记

◆ 宜居宜旅为幸福生活加码——健康生活目的地

云南依托丰富多样的生态资源、旅游资源、民族风情、人文环境等突出优势，以“文、游、医、养、体、学、智”为主要内容打造全产业链，以大滇西旅游环线、澜沧江沿岸休闲旅游示范区、昆玉红旅游文化带为支撑，建设国际康养旅游示范区，推动云南成为世人向往的健康生活目的地。全省大健康产业主营业务收入、新增到位投资年均增幅保持在20%以上，呈现出快速发展的良好态势。

◇ 2020年年底，文山州普者黑旅游景区申报为国家AAAAA级景区

◇ 普洱市云缦营倚象山半山酒店

◇ 全国首创“一部手机游云南”

○云南瞄准国际化、高端化、特色化、智慧化发展方向，持续推进“整治乱象、智慧旅游、提升品质”旅游革命“三部曲”。智慧旅游成为云南旅游产业转型升级新名片。

影像记

◆ 七彩云南历史性跨越——基础设施建设

基础设施是国民经济和社会发展的基石，然而长期以来，基础设施薄弱是制约云南发展的最大瓶颈。新中国成立后，云南省动员全省力量加强基础设施建设，铁路、公路、航空、水运、邮电通信等基础设施有了较大改善。党的十八大以来，以大思路、大手笔、大项目引领，加大力度，全面推进全省基础设施建设，启动了路网、航空网、能源网、水网、互联网“五网”建设，云南省基础设施条件发生巨大变化，为全省决战决胜脱贫攻坚和全面建成小康社会提供了有力支撑。

◇ 昭通市盐津县豆沙关镇，5条不同时期的交通线路

◇ 江召高速，一条鲜花铺成的大道

◇ “云南第一路”——新楚大高速栗子山脚特大桥

◇ 迪庆州首条高速公路——香丽高速全线通车

◇ 穿越热带雨林通往东南亚的高速公路

突出抓好综合交通重大工程，交通建设实现历史性飞跃

○中越、中老、中缅国际通道高速公路境内段全线贯通，境外段中老高速万荣—万象段已建成通车。

◇ 以沪昆高铁、南昆高铁为标志，云南省进入高铁时代

◇ 大临铁路通车，高铁列车驶入临沧站

◇ 中老铁路开通，列车飞驰在红河大桥上

○中老昆万铁路是两国互利合作的旗舰项目，是高质量共建“一带一路”的标志性工程。2021年12月3日，中老铁路全线开通运营。

◇ 中老铁路零公里标

加强设施联通　国际大通道建设取得新突破

○中老铁路促进中老两国以更大开放拥抱世界、以更好合作谋求共赢。同时，中缅印铁路、中越铁路境内段建成并实现全线准轨电气化。

◇ 昆明长水国际机场

○云南省建成民航机场15个、旅客吞吐量百万级机场7个，居全国第二位，通用机场从无到有，建成7个，至南亚东南亚通航城市33个，居全国第一。

◇ 2015年，宁蒗泸沽湖机场正式通航

打牢基础补短板

○全省民族地区基础设施条件得到全面改善，民族地区通航运营机场达到8个，有4个民族自治州进入高铁时代，8个民族自治州48个县通高速公路，民族地区所有乡镇和建制村全部通邮、通硬化路，一批大中型水库陆续建成，水质合格率基本达到全国平均水平，所有行政村实现4G网络、宽带全覆盖，“无电人口”通电问题全部解决。

◇ 万里长江第一港——水富港

○2018年至2021年，公路水运投资连续4年居全国第一。

◇ 澜沧江两岸夜色迷人

○澜沧江-湄公河国际航运实现集装箱运输零突破。

◇ 昆明市禄劝县云龙水库

补齐水利工程短板，全面提升供水安全保障水平

○“十三五”期间，全省累计完成水利投资2835亿元，重点水网项目建设加快实施，云南省10件重大水利工程列入2014年国务院确定的172项重大水利建设计划。

◇ 中国中铁承建的滇中引水项目祥云县下庄倒虹吸施工现场

○滇中引水工程是国务院批准、国家发展改革委和水利部确定的172项重大节水供水工程中的标志性工程之首，是云南有史以来投资最大的民生福祉工程，于2018年10月正式开工建设。截至2021年5月底，主体工程已全部开工，输水工程113个工作面已完工，变电站36座已完成35座，221条进场道路全部通车，项目已完成投资315亿元。

现代先进装备制造业

○“十三五”期间，全省先进装备制造业规模以上企业增加至516户，较2015年增长148户，营业收入由2015年的695.7亿元增长至2020年的1505.4亿元，年均增速达16.7%，累计实现营业收入5774.6亿元。到2025年，全省规模以上先进装备制造业营业收入力争达3800亿元，实现工业增加值达到900亿元，年均增长20%以上。

◇ 北汽昆明基地总装车间航拍

◇ 富源今飞轮毂制造有限公司生产线

◇ 北汽新能源昆明基地

加快信息基础设施建设，网络服务能力大幅提升

○截至2021年5月，云南省有18个互联网出省方向、27条省际光缆长度达224万公里。

4G网络覆盖全省100%行政村、92%自然村。5G基站建成2.1万个。

“十三五”期间，建成13条中老、中缅跨境陆地光缆。

◇ 中国移动（云南）数据中心

◇ 中国移动（云南）数字中心，数据中心IDC核心机房

◇ 苏宁物流昆明基地

全面推进物流网建设，有力支撑现代物流业发展

○云南省重点实施多式联运、智慧物流、电商物流、跨境物流、冷链物流、城乡配送、企业培育、园区示范等重点工程。

◇ 昆明市王家营现代物流园

影像记

◆ 抢抓历史发展机遇——数字经济

近年来，为推动云南经济高质量跨越式发展，省委、省政府抢抓数字经济发展新机遇，作出建设“数字云南”决策部署，着力打造千亿级数字经济产业，广泛拓展新一代信息技术的应用场景，加快新一代信息技术与一二三产业融合发展，全力打造“三张牌”数字高地，全面加速经济社会数字化转型。

◇ 昆船物流5G智慧工厂

◇ 全国首批国家智慧城市建设试点市——蒙自

◇ 2019年7月，首届“数字云南”区块链国际论坛在昆明召开

影像记

◆ 厚积薄发大有可为——生物医药大健康

近年来，云南省坚持创新、协调、绿色、开放、共享的新发展理念，以做大存量、引入增量、扩大总量为主线，以培育大企业、发展大品种、打造大品牌、构建大基地为目标，坚持改革为动力、创新为核心、企业为主体、市场为导向、针对性的政策措施为保障。如今，全省生物医药大健康产业已基本形成以中药（民族药）、天然药物为重点的中药材种植加工、生物医药研发生产、保健品生产、医疗保健服务、商贸流通等构成的生物医药大健康产业体系。

◇ 沃森生物新建投产的疫苗生产线

◇ 沃森生物新建投产的疫苗生产线

○2019年，战略性新兴产业增加值比重达到14%，比2015年增加6个百分点。首个国产（全球第二个）十三价肺炎球菌多糖结合疫苗获批上市，疫苗企业批签发量位居全国第一。

影像记

◆ 五城聚力迎来新机遇——打造滇中城市群

在“十三五”期间，云南不断加快推进滇中城市群一体化发展步伐，滇中城市群城镇化水平、人均地区生产总值等经济社会发展主要指标均高于全省平均水平。滇中城市群已成为推动云南经济社会实现高质量发展的龙头和引擎。

◇ 昆明城市景观

◇ 安宁市宁湖公园全景

影像记

◆ 构筑对外开放新高地——开放经济

云南省认真贯彻落实习近平新时代中国特色社会主义思想和习近平总书记考察云南的重要讲话精神，面向南亚东南亚辐射中心建设成果丰硕。

云南主动服务和融入国家发展战略，与9个国家建立了11个多双边合作机制。积极参与澜湄合作、大湄公河次区域合作、孟中印缅地区合作论坛、云南—老挝（北部）合作工作组会议、滇缅合作论坛、滇越合作等多双边合作。

◇ 滇池国际会展中心

◇ 南博会盛况

◇ 2018年，第5届中国—南亚博览会、第25届中国昆明进出口商品交易会、中国—南亚合作论坛在昆明滇池国际会展中心开幕

○滇池国际会展中心是云南省一个重大标志性工程。

◇ 2015年7月1日，云南首趟中欧国际班列发车

加强贸易畅通，开放型经济建设取得新成效

○统筹利用国内国际两个市场、两种资源，云南开放型经济建设蓬勃发展，服务和融入中国—中南半岛、孟中印缅经济走廊、中老经济走廊、中缅经济走廊建设的能力大幅提升。

建成了以中国（云南）自由贸易试验区为引领，2个国家级重点开发开放试验区（瑞丽、磨憨）、5个国家级经济技术开发区（昆明、曲靖、蒙自、嵩明杨林、大理）、2个综合保税区（昆明、红河）、3个跨境经济合作区（中老、中缅、中越）、4个国家级边境经济合作区（瑞丽、畹町、河口、临沧）为纽带，26个口岸为窗口的多层次开放平台体系。

◇ 中国（云南）自由贸易试验区昆明片区综合服务中心

◇ 中国（云南）自由贸易试验区昆明片区综合服务中心咨询台和业务受理区

◇ 瑞丽口岸联检中心繁忙的景象

通关便利化水平不断提升

○2021年，全省口岸进出口整体通关时间分别为7.93和0.15小时，在全国各省份分别列第三、第二位。

◇ 老中银行两国职员在银行前合影

金融机构"走出去""引进来"

○富滇银行到老挝合资设立老中银行，成为全国第一家走出国门在境外设立附属机构的城市商业银行。

◇ 建设中的白鹤滩电站

全面建成
小康社会

云南影像记

◇ 哀牢山国家级自然保护区

第三篇

人与自然和谐共生

云南省上下牢固树立“绿水青山就是金山银山”的理念，完善生态文明制度体系，以立法形式统筹、规范、约束生态文明建设活动和管理行为，构建起云南生态文明建设制度体系的“四梁八柱”。积极探索推动形成与主体功能定位相适应的生产空间、生活空间、生态空间差异化协同发展格局，国土空间开发格局不断优化。加快推动产业绿色转型发展，持续推动产业结构优化升级，凝心聚力打造“三张牌”，全省产业日益朝着绿色化、高端化、智慧化方向发展。筑牢国家生态安全屏障，将全省面积的30.90%划定为生态保护红线面积，形成“三屏两带”基本格局，实施林草重点生态工程，持续加大生物多样性保护力度。

◇ 大理州古生村

○“美丽云南”“世界花园”已成为云南的亮丽名片。

影像记

◆ 九湖清，云南美——生态环境质量持续优化

全力推进蓝天、碧水、净土“三大保卫战”和九大高原湖泊保护治理、以长江为重点的六大水系保护修复、水源地保护、城市黑臭水体治理、农业农村污染治理、生态保护修复、固体废物污染治理、柴油货车污染治理攻坚战等8个“标志性战役”。

◇ 洱海

◇ 盘龙江入滇池口

○近年来，云南把九大高原湖泊保护治理作为压倒性任务。如今云南的高原湖泊治理，已从“一湖之治”上升到“流域之治”，从单纯的治污截污转变到整个生态系统的修复和建设。

◇ 抚仙湖

○抚仙湖是我国第二深水湖泊，是我省蓄水量最大的湖泊。“十三五”期间，玉溪市全面建立河（湖）长制和“三湖”统一管理体制，“三湖”保护条例修订实施，“四退三还”“雷霆行动”成效显著，“三湖”水环境保护治理“十三五”规划和山水林田湖草项目基本完成。实施“深蓝抚仙湖、森林抚仙湖、七彩抚仙湖”建设，水质总体保持Ⅰ类。

◇ 昭通市境内的赤水河

◇ 独龙江

○云南省忠诚践行习近平生态文明思想，以革命性的举措推动湖泊保护治理，加强以长江为重点的六大水系保护治理。

◇ 红河州个旧市被自然资源部列入全国绿色矿山名录

○云南省通过自然修复、绿化修复和工程治理3种模式，以节约优先、保护优先、自然恢复为主，选择乡土植物进行生态恢复，用最小的投入实现最大的收益，云南省长江经济带废弃露天矿山生态修复取得了周边群众普遍受益、矿区生态环境明显改善、矿区地质灾害隐患有效防范化解等成效。

○2013年12月，国家林业局批准实施盈江国家级湿地公园试点项目，集国际河流安全、生态环境保护、科普宣教、水资源管理、生态旅游等功能于一体。

◇ 德宏州大盈江国家湿地公园

影像记

◆ 奇妙物种在云南——生物多样性保护力度持续加大

2021年10月11日，习近平总书记以视频方式出席在昆明举行的联合国《生物多样性公约》第十五次缔约方大会领导人峰会并发表主旨讲话，强调生物多样性使地球充满生机，也是人类生存和发展的基础。近年来，云南省锚定全国生物多样性保护排头兵目标，努力践行山水林田湖草沙生命共同体理念，始终坚持生态优先绿色发展，立足现有条件采取多种举措，持续推动生物多样性保护工作取得新成效。

◇ 2020年10月11日至24日，联合国《生物多样性公约》第十五次缔约方大会（COP15）在云南昆明举办

◇ 扶荔宫，《生物多样性公约》第十五次缔约方大会会议室外主题展区

◇ 扶荔宫种子博物馆

讲好云南生态故事——“象”往之地

○2020年3月，云南亚洲象“断鼻家族”从西双版纳州进入普洱市，并一直北上，途经红河、玉溪、昆明3个州（市）8个县（市、区）。云南省委、省政府高度重视亚洲象北移动安全防范和应急处置工作，多次召开专题会议研究，要求千方百计确保人象安全，科学有序引导象群回归家园。

2021年8月，“断鼻家族”安全南返，生动讲述了云南生态保护故事，真实、立体、全面展示了中国生物多样性保护举措和成效，塑造了中国良好国家形象。

◇ 北迁中的象群

◇ 7月8日，象群来到玉溪市峨山县扬武镇

◇ 休憩中的亚洲象

◇ 绿孔雀

○绿孔雀是中国唯一的本土原生孔雀，被国际自然保护联盟评定为“全球性濒危”等级。作为中国一级重点保护动物，中国绿孔雀种群数量约为555至600只。云南楚雄是中国绿孔雀分布特别集中、种群数量最多的区域，被称为“中国绿孔雀之乡”。截至2021年底已达300只左右，约为全国总量的50%。

◇ 白马雪山国家级自然保护区中的滇金丝猴

○2019年7月15日，云南省林业和草原局联合云南省环境发展基金会、白马雪山国家级自然保护区管护局、大自然保护协会、山水自然保护中心、阿拉善生态保护协会西南中心等13家单位建立的云南首个野生动物保护网络——滇金丝猴全境保护网络在迪庆藏族自治州香格里拉市成立。

◇ 贡山羚牛在怒江中饮水

○德宏州盈江县太平镇雪梨村石梯村依托丰富的鸟类资源，采取“政府+协会+合作社”的模式，建设观鸟特色村寨，规范鸟类监测点，规定生态休养期，开展鸟类跨国联合保护，举办“国际观鸟节”，形成“观鸟旅游”大环境。鼓励村民到鸟类监测点当志愿者，从事餐饮、住宿等服务，当“鸟导”、吃“鸟饭”、赚“鸟钱”。

◇ 位于中缅边境的石梯村

◇ 双角犀鸟

◇ 石梯村村口

◇ 绿绒蒿

○云南植物资源十分丰富，高等植物种数占全国的60%。滇西北是各类高山植物的家园，云南八大名花之一的绿绒蒿属植物多生长于流石滩之上。

◇ 白马雪山上的苞叶雪莲

◇ 绿色地衣小荷叶

○地衣是由共生藻和共生菌通过互惠共存方式形成的完整而稳定的微型生态系统，因能分泌地衣酸，可生长于岩石表面，因此也被称为自然界的“开拓者”。

影像记

◆ 交出绿色“成绩单”——筑牢国家西南生态安全屏障

生态安全是国家安全的重要组成部分，是经济社会持续健康发展的重要保障。改善生态环境是高质量发展的必然趋势，既是建设美丽中国的时代坐标，深切回应了人民群众对美好生活的向往，也是关系民生的重大社会问题。在国家“两屏三带”、十大国土生态安全屏障中，云南肩负着西部高原、长江流域、珠江流域三大生态安全屏障的建设任务。

◇ “三江并流”最大的片区——高黎贡山自然保护区

◇ 白马雪山下杜鹃花开

◇ 生态护林员在深山巡查

◇ 昭通市铜锣坝国家级自然保护区

影像记

◆ 绘出美景留住乡愁——美丽云南

近年来，云南聚焦“干净、宜居、特色、智慧”，解决突出问题，补齐短板弱项，36个特色鲜明、功能完善、生态优美、宜居宜业的“美丽县城”脱颖而出，27个“田园牧歌、民族风情、历史文化、特色产业、绝妙景观”的“特色小镇”创建成功，“美丽公路”建设取得阶段性成效。

◇ 鸟瞰昭通

◇ 红河州屏边县牧羊河湿地公园

◇ 大理州剑川县沙溪古镇寺登街

◇ 红河州元阳箐口梯田

◇ 稻鱼综合养，哈尼群众收获“稻养鱼”

◇ 红河州东风韵小镇

◇ 和顺古镇

◇ 怒江美丽公路

◇ 美丽的白马雪山秋景

◇《吴歌的微笑》剧照

文化事业蒸蒸日上

随着云南省改革开放的不断扩大和深入，文化在精神文明建设、经济建设和社会发展中的作用越来越大，云南文化建设在新的起点上实现了更高水平的发展。进入 20 世纪 90 年代后，云南省委、省政府逐步确立了建设民族文化大省的战略目标，各级党委和政府对文化在现代化进程中地位和作用的认识不断提高，特别是党的十八大以来，文化基础设施建设成效显著，公共文化服务体系建设明显改善，文化产业蓬勃发展，文化体制改革全面深化，对外文化交流亮点频现，对周边国家文化辐射力和影响力不断提升。

○云南以培养担当民族复兴大任的时代新人为着眼点，推动社会主义核心价值观内化于心、外化于行，教育引导各族人民坚定理想信念、厚植爱国情怀、加强道德修养；加快民族文化强省建设，文化体制改革不断深化，文化事业、文化产业坚持创造性转化、创新性发展，以高质量文化供给不断增强人们的文化获得感、幸福感；以南亚东南亚国家为重点，构建了立体化文化交流传播体系，生动展示七彩云南、美丽中国良好形象。

◇《印象·丽江》实景演出

影像记

◆ 提级扩能普惠共享——文化基础设施建设

文化体制改革不断深化。全省宣传文化系统党的领导进一步巩固，党委宣传部管理文化职能职责全面贯彻落实，宣传文化系统机构改革已经完成。

公共文化服务水平不断提高。深入开展“云南省公共文化服务体系建设补短板三年行动计划”，基本实现省、州（市）、县（市、区）、乡（镇）、村（社区）五级公共文化服务设施网络全覆盖。

◇ 云报传媒广场

◇ 云南省博物馆、云南省大剧院、云南省文学艺术馆等一批重大文化基础设施相继建成投入使用

◇ 云南广播电视台

影像记

◆ 坚持活态传承释放新活力——世界非物质文化遗产

云南省有丽江古城、红河哈尼梯田2项世界文化遗产，三江并流、石林、澄江化石地3项世界自然遗产，国家级文化名城7处，中国传统村落708个；全国重点文物保护单位170项；国家级非遗代表性项目127项，代表性传承人125人；博物纪念馆161家，馆藏文物784196件。

◇ 哈尼梯田

◇ 丽江古城

影 像 记

◆ 叩问时代脉搏——文艺精品力作不断推出

新中国成立后，云南文学艺术获得新生，空前发展。一批军旅作家随南下部队入滇，创作出一大批脍炙人口的作品；本土民族作家、诗人相继出版中长篇小说、散文和诗集。改革开放以来，云南各族群众的积极性和文化创造力空前迸发。

◇ 红河州歌舞团舞剧《流芳》剧照

◇ 2021年3月12日，音乐剧《阿佤人民再唱新歌》在昆首演

◇ 西南联大纪录片《九零后》

○2021年5月8日，《九零后》在昆明举行云南首映礼。同年，该电影先后在第11届北京国际电影节纪录单元推优结果中获特别关注奖，获第34届中国电影金鸡奖最佳纪录/科教片奖。

◇ 《农民院士》剧照

影像记

◆ 千帆竞发迎春风——文化产业发展态势良好

1996年云南在全国率先提出云南民族文化大省战略建设，2008年，云南提出了由民族文化大省向民族文化强省迈进的目标。党的十八大以来，云南积极推进文化体制改革，发展特色文化产业。以省属国有文化企业为主体、民营文化企业为重要补充、多种所有制文化企业共同繁荣发展的新格局、新局面初步形成。

◇ 1992年第三届中国艺术节在昆明东风广场隆重开幕

◇ 柬埔寨舞剧《吴哥的微笑》

影像记

◆ 加强民心相通，对外人文交流合作取得新进展

持续深化与周边国家在教育、科技、卫生、文化、旅游等领域的合作，厚植面向南亚东南亚开放的社会民意基础，筑牢民心相通的“连心桥”。

◇ 2016年12月31日，南亚东南亚学生参加云南民族大学元旦活动

◇ 2015年2月，“中柬情 · 合家欢”大型春节联欢晚会

○云南广播电视台、云南广电传媒集团旗下的云南无线数字电视文化传媒股份有限公司以中国地面数字电视标准海外推广为契机，主要与老挝、柬埔寨积极开展国际数字电视项目合作。

影像记

◆ 守望相助共建美好家园
——铸牢中华民族共同体意识

民族团结进步示范区建设的核心要义是铸牢中华民族共同体意识。云南省委、省政府坚持“在云南，不谋民族工作就不足以谋全局”的指导思想，坚持“各民族都是一家人、一家人都要过上好日子”的信念，全面贯彻党的民族工作方针政策，不断铸牢中华民族共同体意识，扎实推进民族团结进步示范区建设，民族地区主要经济指标增幅高于全省平均水平，各族人民生产生活条件显著改善，民族地区社会事业进一步发展，各民族交往交流交融、相知相亲相惜，像石榴籽一样紧紧拥抱在一起，民族团结进步之花越开越艳。

◇ 云南各民族团结一心向前进

◇ 各民族铸牢民族共同体意识，像石榴籽一样团结在一起

新中国民族团结第一碑

○1951年，云南普洱专区3000多名各族人民在宁洱立碑盟誓，48位各民族代表和党政军领导分别用傣文、拉祜拼音文和汉文在誓词碑上签下了自己的名字，至此，一座象征着各族人民团结一心的历史丰碑矗立起来了，民族团结誓词碑也被誉为“新中国民族团结第一碑”。

◇ 2021年12月22日，参加民族团结誓词碑建碑70周年纪念会的民族代表步入纪念会场

◇ 民族团结誓词碑

◇ 大理州洱源县郑家庄村里各民族团结、和睦，亲如一家人

各民族团结、和睦一家亲

○郑家庄位于大理市洱源县三营镇，是一个多民族聚居村。尽管语言、信仰、习俗不相同，但他们多年来和睦相处、亲如一家。

◇ 各民族团结共荣的痕迹已经深深镌刻

◇ 7个民族在郑家庄村口的合影

影像记

◆ 传承创新坚定自信——传承保护民族优秀传统文化

习近平总书记考察云南时作出“云南少数民族文化是中华民族文化的重要瑰宝，要积极加以支持和发展”的重要指示。云南省委、省政府历来高度重视民族优秀传统文化建设，始终坚持高位推动，先后作出建设民族文化大省、民族文化强省等重要部署，为云南推进民族文化繁荣发展指明了方向。近年来，云南实施民族文化保护传承和“双百”工程，云南民族文化得到有效保护和传承，各民族文化共生共荣、和谐发展的生动局面基本形成。

◇ 国家级非遗保护项目《基诺大鼓舞》

◇ “剑川名匠”赵怀珠给孩子们介绍非遗文化

◇ 南涧“彝族跳菜”被列入第二批国家级非物质文化遗产名录

◇ 傣族剪纸之乡——德宏州芒市弄么村

◇ 德宏州平原镇傣族群众欢度泼水节

○截至2021年6月，云南省共举办了11届少数民族传统体育运动会、11届民族民间歌舞乐展演、2届传统戏剧曲艺会演、5届“七彩云南（国际）民族赛装文化节”。

◇ 云南楚雄彝族特色服装在“2016北京秋季国际时装周”闪亮登场

○云南省把铸牢中华民族共同体意识作为民族团结进步示范区建设的主线，开展多主题的民族团结进步宣传月、宣传周、宣传日活动。举办少数民族传统体育运动会、少数民族文艺会演、民族自治地方逢十周年庆祝活动及民族节庆活动。

◇ 2014年，云南省第十届少数民族传统体育运动会上，参赛运动员在进行跑马拾哈达比赛

影像记

◆ 高举大团结旗帜——促进各民族交往交流交融

云南出台加强和改进少数民族流动人口服务管理工作的实施意见，与其他5个省市建立少数民族流动人口跨区域协作机制。建设122个省级民族团结进步示范社区。推进建立互嵌式的社会结构和社区环境，建立民族之家等服务园地，开展民族团结百家宴等具有社区特色、群众参与性强的主题活动，进一步凝聚各民族共建共享美好家园的共识。

◇ 景颇族万人同跳目瑙纵歌

◇ 彝族传统火把节

◇ 楚雄州永仁赛装节

◇ 享有“云南第一村”和“中国农村共同富裕榜样”美誉的红塔区大营街

第五篇 QUANMIAN JIANCHENG XIAOKANG SHEHUI YUNNAN YINGXIANG JI

百姓生活 日新月异

保障和改善民生要抓住人民最关心最直接最现实的利益问题。云南如何在发展中保障和改善民生，不断增强民众的幸福感、获得感、安全感，实现人的全面发展？

近年来，云南省委、省政府始终坚持以人民为中心的发展思想，坚持在发展中保障和改善民生，每年将70%以上的财政支出，用于解决就业、养老、教育、医疗等重大民生问题，让各族人民享有更好的教育、更稳定的工作、更满意的收入、更可靠的社会保障、更高水平的医疗服务，让改革发展成果惠及更多群众，让人民生活更加幸福美满。

◇ 如今的昆明市北市区高楼林立

◇ 1999年，未开发的昆明市北市区

○随着云南省工业化、信息化和农业现代化深入发展，人口在城乡间合理流动，城乡基础设施建设不断加强，城镇范围不断扩大，城镇人口不断增加，人口布局进一步优化，城镇化率持续提高。

影像记

◆ 为民造福是最大政绩——人民生活水平显著提高

近年来，云南居民非物质生活消费比重显著升高。超越“基本小康”满足温饱，不仅“必需”的衣食住行物质消费全面丰富，而且“非必需”的非物质消费大幅度提升，这是云南人民“消费结构升级”的最实在表征。

◇ 市民逛车展购车

◇ 捞鱼河湿地公园郁金香盛放

◇ 昆明市宜良县举办烤鸭美食节

◇ 昆明市民在超市选购海鲜

◇ 西双版纳州打洛镇曼厂村寨，傣族妇女悠闲地在大树下荡秋千

◇ 临沧市景亢村村民正跳着欢乐的民族舞蹈

◇ 临沧市景亢村傣族居民

◇ 曾经的贫困户，通过易地搬迁后来到昆明市小海新村

◇ 小海新村的村民脱贫后，村里有喜事，大家都来帮忙

◇ 保山市群众在环境优美的城市里打太极

影像记

◆ 增进民生福祉共享发展成果——就业增收

近年来，云南坚持把稳就业、保就业摆在全局工作的首位，着力“稳规模、提质量、兜底线”，通过抓实援企稳岗稳定就业、鼓励创业创新带动就业、支持新业态发展拓展就业、深化东西部劳务协作促进转移就业。

◇ 楚雄州赴福建返岗复工人员乘专车返岗

◇ 楚雄州农特绿色产品电商直播销售

◇ 大理州云龙县检槽乡文兴村劳动力转移培训会

◇ 丽江市新盘乡高原特色农业不断发展

◇ 云南高层次人才服务中心

◇ 文山州西畴县壮族姑娘展示其制作的彩绘玩偶

影像记

◆ 助力居民健康水平——医疗服务能力提升

居民健康水平持续提升，医疗服务能力不断提升。卒中防治中心县区覆盖率高于全国平均值21%；全省16个州（市）实现三甲医院、中医（民族医）医院全覆盖；胸痛中心排名全国第三、西南片区第一。

◇ 云南省阜外心血管病医院

◇ 如今，医生走进校园，为孩子们免费诊断

○党的十八大以来，党中央把社会保障体系建设摆上更加重要的位置，云南社会保障体系建设也进入了“快车道”。养老、失业、工伤三项社保基金累计结余1985.53亿元。通过提高社保基金统筹层次、强化互助共济功能，进一步织密社会保障安全网。

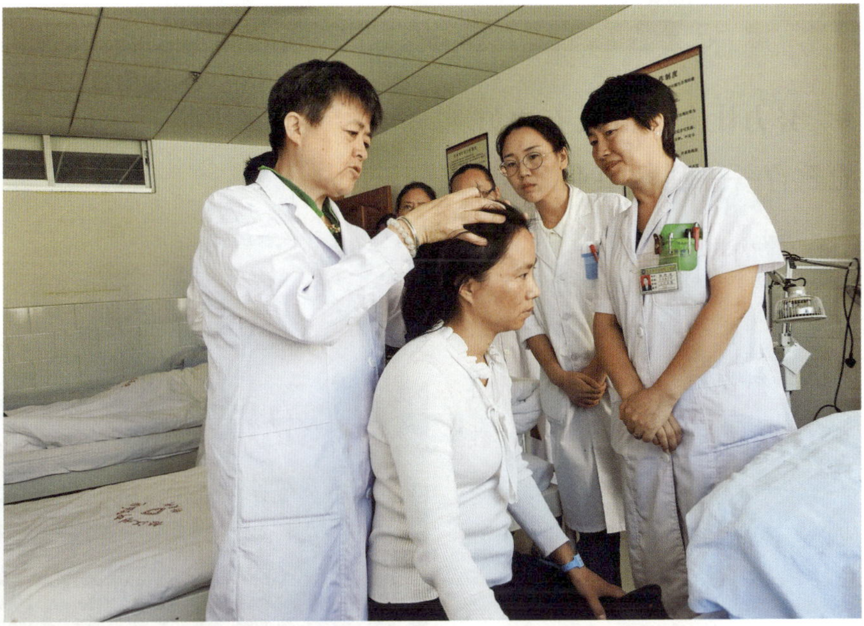

◇ 北京中医药大学附属护国寺中医医院在怒江州中医医院病房义诊

◇ 中建三局西南公司云南分公司开展爱国卫生运动

影像记

◆ 努力让人民群众有更好的教育——科教事业

近年来，省委、省政府坚持优先发展教育事业，全省教育系统聚焦“强党建、促公平、提质量、抓保障”主线，狠抓落实，努力让人民群众有更好的教育，全省教育事业发展取得了新成效，实现了“十四五”良好开局。

◇ 云南大学

◇ 云南民族大学学生在上课

○近年来，云南省民族教育水平大幅提升，在校学生从1978年的142.32万人增长至2012年的401.94万人，截至2020年年底共有499.70万人（其中少数民族研究生在校生人数为7538人）。

◇ 昆明市嵩明县职教园区云南工商学院实训楼航空专业人才培养和就业

◇ 昆明市武成小学机器人创新活动室

◇ 楚雄州板凳山民族小学学生课间跳民族舞蹈操

○各种受教育程度人口和文盲率的变化，反映了云南省教育普及水平不断提高，国民受教育机会进一步扩大，全省教育事业取得新的显著成就。

影像记

◆ 住有所居居有所安——住房保障

住房问题既是民生问题也是发展问题，关系千家万户的切身利益，关系人民安居乐业，关系经济社会发展全局，关系社会和谐稳定。2021年，云南省完成农房抗震改造12.3万户。开工改造老旧小区3014个、棚户区6.14万套，盘活烂尾楼248个，化解130.95万户不动产登记历史遗留问题。

◇ 2008年，昆明市呈贡首期廉租房入住仪式

◇ 普洱市西盟县抗震安居房里的村民

◇ 普洱市勐梭镇博航十组抗震安居房

◇ 普洱市西盟县抗震安居房里的佤族群众

影像记

◆ 将云南打造成高原特色体育强省——体育强省

近年来，云南聚焦竞技体育争金夺牌、群众体育惠民利民、体育产业融合发展，提升体育发展质量和效益，推动全民健身和全民健康深度融合，提高体育治理体系和治理能力现代化水平，努力将云南建设成为高原特色体育强省。

◇ 群众在昆明融创雪世界体验滑雪

◇ 群众体育惠民便民

◇ 2018年昆明上合马拉松赛，2万名市民热情参与

影 像 记

◆ 未雨绸缪不断提升疫情防控效能——疫情防控

面对严峻复杂的疫情防控形势，云南坚持以人民为中心，按照“外防输入、内防反弹”总策略和“动态清零”总方针，努力实现“动态清零”。在加强疫情防控工作的同时，云南坚持“战疫情、保民生、保稳定、促发展”一体推进，全力统筹好疫情防控、经济发展、民生保障等工作。

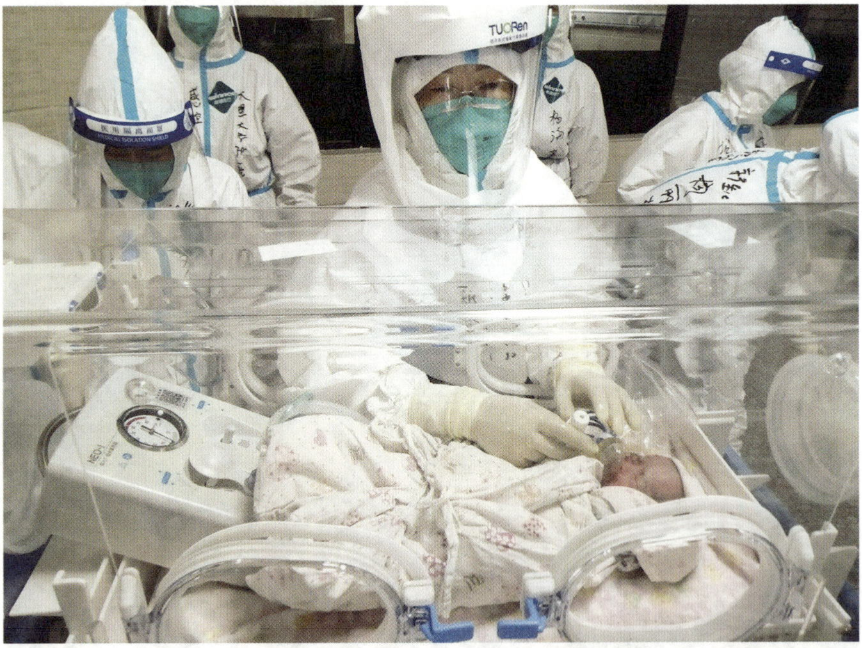

◇ 2021年，全国首例新冠肺炎确诊三胞胎孕妇在云南省瑞丽市新冠肺炎定点治疗医院隔离区顺利分娩

◇ 云南第一批援助湖北医疗队在昆明长水国际机场举行出征仪式

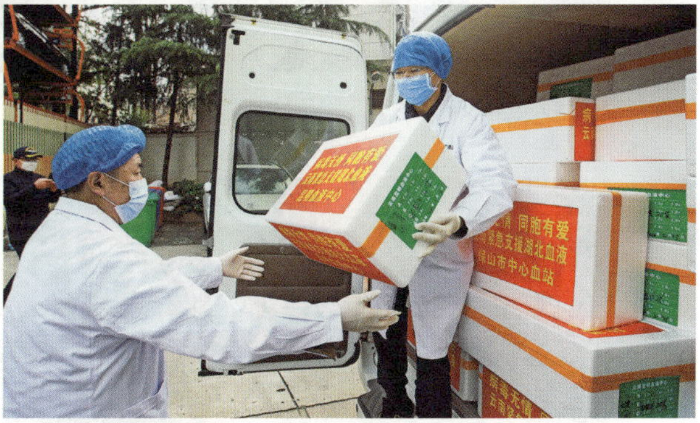

◇ 2020年3月1日，云南80万毫升“热血”疾驰1600公里抵达武汉

◇ 2020年3月18日，云南省援鄂医疗队首批返回人员抵达昆明

全力驰援湖北

○2020年新冠肺炎疫情期间，云南省分10批1158人组成医疗队赴湖北开展救援工作。

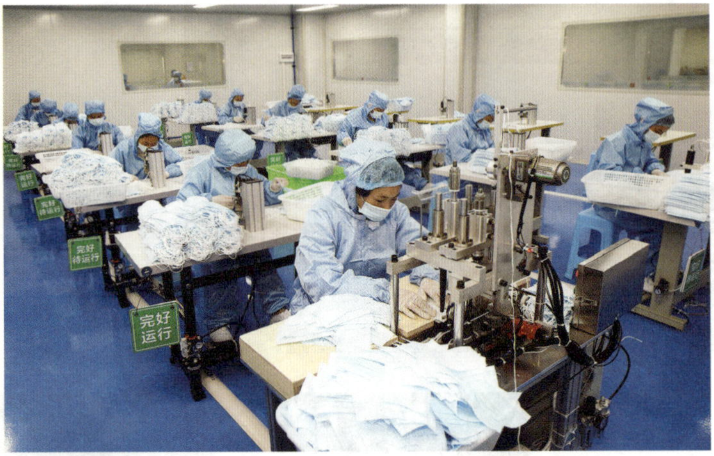

◇ 防护用品生产线

◇ 在新冠肺炎疫情防控期间，乌东德电站复工复产

统筹推进复工复产

○在打赢疫情防控阻击战中，全省各地各部门始终坚持疫情防控、经济发展两手抓、两手硬，统筹兼顾，全力确保复工复产全面稳步推进。

◇ 2020年4月8日上午，中国赴缅甸抗疫医疗专家组出征

◇ 中国抗疫医疗专家组携带抗疫捐赠物资前往缅甸

◇ 昆明长水国际机场海关将防止疫情输入作为当前工作的重中之重

内防反弹、外防输入

○云南做好常态化疫情防控工作，补短板强弱项，筑牢防控防线，提高应对重大突发公共卫生事件的能力和水平；构筑边境防控网，加大对偷越国（边）境案件打击力度，健全跨境违法犯罪严打机制，坚决防范境外疫情输入，筑起西南边境疫情防控的“铜墙铁壁”。

影像记

◆ 守边固边永不走的“哨兵”——边疆党建　社会治理

2021年8月21日，习近平总书记在给沧源佤族自治县边境村老支书们的回信中，勉励他们发挥模范带头作用，引领乡亲们建设好美丽家园，维护好民族团结，守护好神圣国土。

给习近平总书记写信的10位老支书，是团结带领乡亲们守好边疆、建好家园的“领路人”，是阿佤人民实现整族脱贫、过上美好生活的参与者与见证人，他们深知基层党组织是“党的光辉照边疆”的桥梁和纽带。

◇ 临沧市沧源县班洪乡

◇ 2021年8月20日，临沧市沧源县班洪村老支书们激动地传看习近平总书记的回信

◇ 2021年8月20日，阿佤人民再唱新歌

◇ 2021年8月20日，收到回信的佤族群众身着节日盛装，载歌载舞

○通过多年实践，云南探索出一条符合边疆实际、立足守边职责、服务对外开放的党建引领边疆治理新路子，“组织强、边民富、边疆兴、边防固、边关美”的幸福画卷正徐徐展开。

◇ 国旗、党旗耀边疆

○2007年，云南省开展以“强组织、建阵地、聚民心、固边疆”为主要内容的边疆党建长廊建设。2021年，进一步加强边疆党建长廊建设，深化抓党建促强边固防工作。

◇ 临沧市耿马县河西村傣族群众制作的竹编工艺品

实施兴边富民

○世纪之交，党中央、国务院作出实施兴边富民行动的战略部署。云南省委、省政府坚持把兴边富民作为重大政治责任、重大民生工程、重大发展机遇谋划推动，作为全局发展、优先发展、开放发展的重点统筹布局。

◇ 临沧市双江县勐勐镇彝家村上平掌村活动室

○“十三五”期间，沿边乡镇878个行政村基本实现“五通八有三达到”，基础设施和公共服务设施不断提档升级。

◇ 德宏州陇川县强边固防龙安临时党支部，党员在边疆一线坚守

○云南是祖国西南的重要门户和战略通道，在国家安全总体格局中有着特殊重要作用。近年来，云南深入学习贯彻习近平总书记关于国家安全工作的重要论述，切实增强维护国家安全的责任感、紧迫感、使命感，肩负起防范化解国家安全风险的政治责任，以人民安全为宗旨，以政治安全为根本，以经济安全为基础，坚决守住各领域安全防线，确保全省国家安全工作沿着中国特色国家安全道路不断前进，为创造我国经济快速发展、社会长期稳定“两大奇迹”作出积极贡献。

◇ 边防战士在国界碑前对国旗敬礼

◇ 普洱市西盟县佤部落特色小镇

全面建成
小康社会

云南影像记

◇ 《惠民政策暖彝乡》 金牛 106cm×156cm 农民画

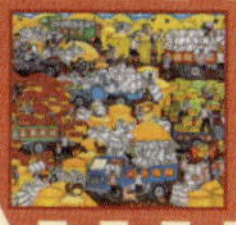

妙笔丹青
七彩云南

云南省民族众多，民族文化资源富集、特色浓郁，新中国成立以来，云南始终围绕民族团结进步这条生命线，全面贯彻落实中央民族工作方针政策和重大决策部署。习近平总书记在考察云南时强调“云南少数民族文化是中华文化的重要瑰宝，要积极加以支持和发展”“要使各民族文化繁荣发展的过程成为各民族相知、相亲、相惜的过程，成为民族团结的润滑剂、催化剂、黏合剂”。云南省委、省政府高度重视，将繁荣发展民族文化当作全国民族团结进步示范区建设的重要内容和重要抓手。近年来，云南民族文化得到有效保护和传承，各民族文化共生共荣、和谐发展的生动局面基本形成，民族团结之花在云岭大地竞相开放，擘画云南民族团结进步事业宏伟蓝图。

◇《盟誓》 罗江 360cm×720cm 中国画

◇《国家力量：建设中的白鹤滩》 王建 110cm × 150cm 水彩粉

◇ 《笑迎天下客》 闫劭栋、孙同良 215cm×180cm 中国画

◇ 《致富路》 刘荣春 100cm × 200cm 油画

◇ 《云岭脱贫图之五 一步千年 》 李河良 310cm × 266cm 中国画

◇ 《抗击疫情》

吴宗燕

96cm × 42cm

版画

◇ 《洱海清·大理兴》 杨恩泉 145cm×185cm 中国画

◇ 《抚仙湖恋歌》 叶晓霞 230cm×195cm 中国画

◇ 《彩虹飞架大瑞路》 孙黎勇 107cm × 86cm 水彩粉

◇《东方神田》 吴贵荣 160cm×110cm 油画

◇ 《撒尼人的好日子》 杜龙琪 100cm×150cm 油画

◇ 《瑞丽江畔的自由贸易试验区》 张越 145cm×115cm 油画

◇《溪洛渡新貌》 刘安忠 210cm × 130cm 中国画

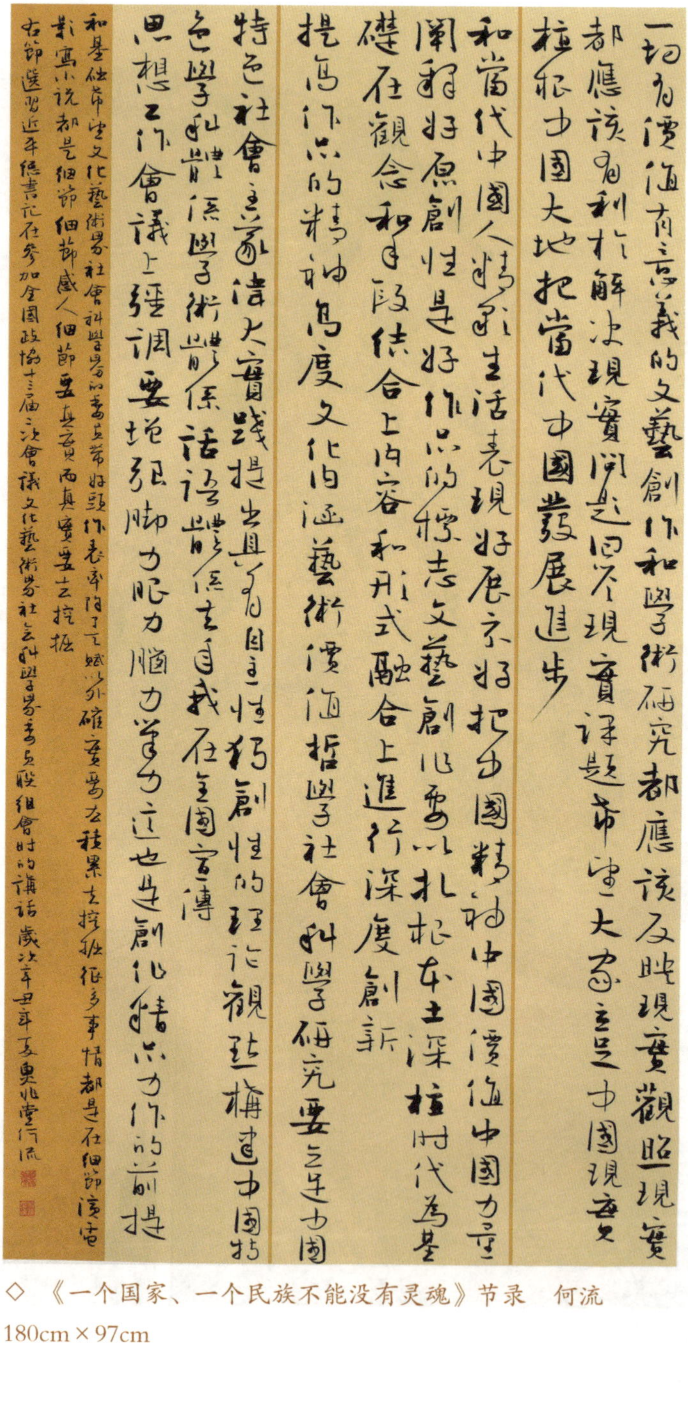

◇ 《一个国家、一个民族不能没有灵魂》节录 何流
180cm × 97cm

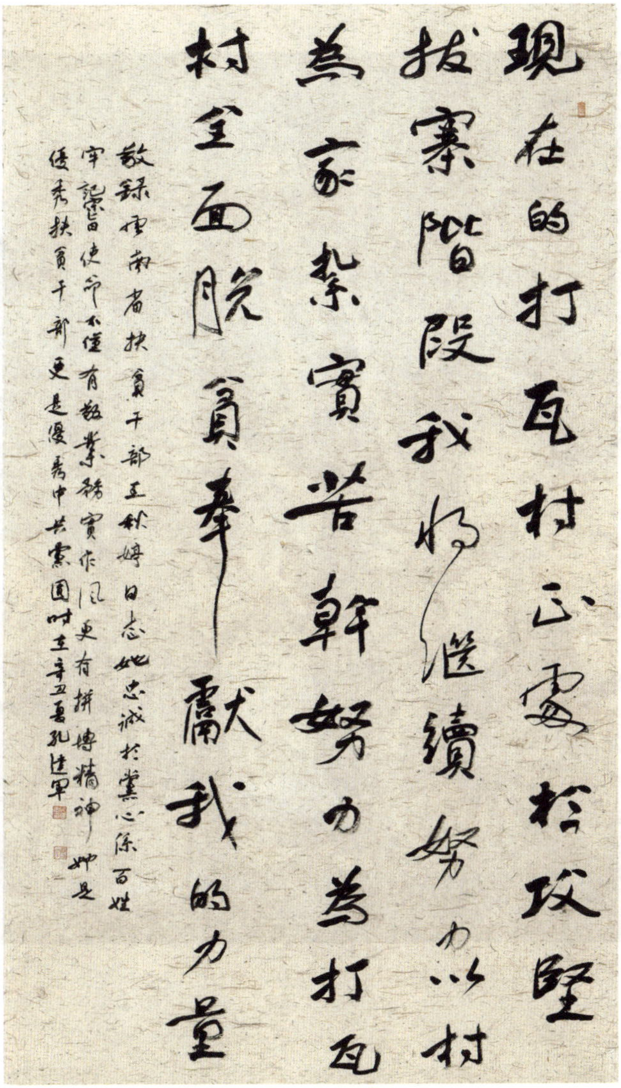

◇ 《王秋婷扶贫日志》节录　孔建军　180cm × 97cm

◇ 《幸福家园》 周章科 140cm×400cm 油画

2018

照片提供单位

云南省体育局　楚雄州委宣传部　大理州委宣传部　昆明市盘龙区委宣传部　会泽县委宣传部　富宁县委宣传部　安宁市委宣传部　洱源县委宣传部　云南森林消防总队　怒江日报　西盟县文化馆　中国三峡集团　中国移动通信集团云南有限公司　中国铁路昆明局集团有限公司　富滇银行　云南建设基础设施投资股份有限公司　云南航空产业投资集团　中华普洱茶博览苑　云南日报

摄影者

马国民　王　智　王书尧　王国礼　方慧平　尹　杰　尹以祜　白章磊　卯明勇　吕德仁　朱边勇　许　健　许时斌　孙晓云　苏金泉　李　哲　李文圣　李成龙　李志纲　李宜润　李秋明　李浏健男　杨　峥　杨继培　杨清舜　何成江　余金成　张　彤　张　泽　张　雯　张卫民　张云霞　张文峰　张四伟　张志平　张建永　陆　忠　陆江涛　陆春海　陈　飞　陈　畅　陈金勇　范　毅　范南丹　罗金红　罗宗伟　和平辉　周　灿　周明佳　郑山河　赵子忠　胡艳辉　适志宏　段旭华　姚金林　夏天彧　柴峻峰　徐　翔　郭迎东　唐三元　陶松生　黄兴能　黄艳萍　黄喆春　崔永江　彭建生　董有湘　粟　栋　曾光祥　雷桐苏　廉沛钊　新跃华　颜　谦　潘　泉　薛　云　戴振华

绘画及书法作品作者

金　牛　罗　江　王　建　闫劭栋　孙同良　刘荣春　李河良　吴宗燕　杨恩泉　叶晓霞　孙黎勇　吴贵荣　杜龙琪　张　越　刘安忠　何　流　孔建军　周章科

在此一并表示感谢！

后　记

“纪录小康工程”是党中央交给宣传思想战线的一项重大政治任务，出版丛书是“纪录小康工程”的重要组成部分。

《全面建成小康社会云南影像记》作为省级丛书之一，由中共云南省委宣传部统筹，云南日报报业集团、云南出版集团有限责任公司共同编撰出版。

本书编撰工作，由中共云南省委常委、宣传部部长曾艳同志任组长的“纪录小康工程”丛书领导小组领导指导；中共云南省委宣传部副部长、云南省人民政府新闻办公室主任彭斌，省委宣传部一级巡视员杨安兴牵头负责；云南日报报业集团党委书记、社长何祖坤，云南日报报业集团总编辑田静分工组织；云南日报报业集团副总编辑王雪飞，省委宣传部新闻处处长张莹、新闻处二级调研员王松具体负责。

《全面建成小康社会云南影像记》大纲拟定和全书统稿工作由陈飞同志负责，彭艳红、连惠玲、刘蕊、宋金艳等同志参与本书编撰。

“脱贫只是第一步，更好的日子还在后头。”云南与全国同步实现全面小康，经济、政治、文化、社会、生态各方面实现了跨越式发展，在云岭大地上绘就了一幅宏伟的全面小康画卷。本书通过纪实照片、书画作品等艺术呈现方式，从上千幅历史图片及新创作品中，精心选出近300幅具有典型代表性的图片集中展示，通过运用宏观全景叙事、微观人文表达的创作手法，忠实纪录数代云岭儿女披荆斩棘，脱贫攻坚奔小康这一段苦难与辉煌交织、光荣与梦想辉映的历程。

殷筱钊、柳文娟、王成、朱海涛、高婧婕等同志做了大量的工作，为本书的出版提供了保障。云南人民出版社王绍来同志对本书进行了编辑加工整理。

本书图片来源主要基于云南日报摄影部的图片库，并得到云南省文化艺术界联合会、云南省各州（市）委宣传部、相关单位以及个人的大力支持（已附列表）。

在此谨对所有给予本书帮助支持的单位和同志表示衷心感谢。

本书编写时间较紧，不足之处，敬请批评指正。

本书编写组

2022年6月